글 양화당

햇살 좋은 사무실에서 어린이책을 기획하고 집필하는 일을 하고 있습니다.
어린이들이 재미있게 읽으면서도 마음의 양식으로 삼을 수 있는 따뜻하고
영양가 있는 책을 많이 쓰고 만드는 게 꿈이랍니다.
쓴 책으로는 <새콤달콤 열 단어 과학 캔디> 시리즈와 <보글보글 열 단어 한국사 라면> 시리즈,
<신비 아파트 공부 귀신 1. 발명품이 사라졌다> 등이 있습니다.

그림 권송이

서울시립대학교 환경조각과를 졸업하고 어린이책에 그림을 그리고 있습니다.
어떻게 하면 멋진 그림으로 아이들과 재미있는 생각을 나눌까 고민할 때가
가장 즐겁습니다. 그린 책으로는 『애덤 스미스 아저씨네 경제 문구점』,
『밥상에 우리말이 가득하네』, 『미래가 온다, 신소재』 등이 있습니다.

K탐정의 척척척 대한민국 9

한반도에서 옹지도를 찾아라!

초판 1쇄 발행 2025년 10월 17일
글 양화당 | 그림 권송이

발행인 윤승현 | 편집장 안경숙 | 편집관리 정아름 | 편집 황지영 | 디자인 아이디스퀘어
마케팅 정지운, 박현아, 김지운, 황지영 | 제작 신홍섭

펴낸곳 (주)웅진씽크빅 | 주소 경기도 파주시 회동길 20 (우)10881
문의 전화 031)956-7523(편집), 031)956-7569, 7570(마케팅)
홈페이지 www.wjjunior.co.kr | 블로그 blog.naver.com/wj_junior | 인스타그램 @woongjin_junior
출판신고 1980년 3월 29일 제406-2007-00046호 | 제조국 대한민국 | 사용연령 7세 이상

글 ⓒ양화당, 2025 | 그림 ⓒ권송이, 2025
저작권자와 맺은 특약에 따라 검인을 생략합니다.

ISBN 978-89-01-27587-1 74300 · 978-89-01-25830-0(세트)
*잘못 만들어진 책은 바꾸어드립니다.

웅진주니어는 (주)웅진씽크빅의 유아·아동·청소년 도서 브랜드입니다.
저작권법에 의해 한국 내에서 보호를 받는 저작물이므로 무단 전재와 무단 복제를 금지하며,
이 책 내용의 전부 또는 일부를 이용하려면 반드시 저작권사와 (주)웅진씽크빅의 서면 동의를 받아야 합니다.

⚠️주의
1. 책 모서리가 날카로워 다칠 수 있으니 사람을 향해 던지거나 떨어뜨리지 마십시오.
2. 보관 시 직사광선이나 습기 찬 곳은 피해 주십시오.

양화당 글 | 권송이 그림

⑨ 한반도에서 옹지도를 찾아라!

웅진주니어

K탐정 프로필

나이: 13세
학력: 어린이 탐정학교 공동 수석 졸업
장래 희망: 오빠를 뛰어넘는 명탐정
특기: 뛰어난 시각, 직감으로 증거 찾아내기
취미: 탐정 소설 읽기

나에게는 5분 빨리 태어난 쌍둥이 오빠가 있어.
쌍둥이 오빠가 영국 셜록 탐정학교로
유학을 떠나며, 신비한 갓을 물려주었어.
이 갓은 쓰기만 하면 갑자기 아이큐 급상승!
오빠의 탐정 사무소도 물려받기로 했지.
이제부터는 내가 대한민국 뉴 K탐정이라고!

등장인물

옹지도
유명한 여행 작가. 세계 곳곳 안 가 본 곳이 없음. 성격이 급하고, 한번 꽂히면 앞만 보고 달려가는 추진력은 둘째가라면 서러울 정도. 이번엔 <세계 자연 다큐 공모전>에 출품할 작품을 찍기 위해 대한민국 곳곳을 누빔.

한소심
옹지도 작가의 조수. 이름처럼 소심하고 꼼한 성격임. 옹지도 작가와 손발이 척척 맞는 것 같지만, 가끔씩 작가를 바라보는 눈빛이 심상치 않음. 말끝마다 "굿!"이라고 외치는 독특한 말버릇이 있음.

홍스
셜록 홈스를 좋아하는 아빠가 훌륭한 탐정이 되라며 '홍스'라는 이름을 지어 줌. 그 때문인지 호기심이 많고, 생각보다 몸이 먼저 움직이는 스타일.

제니
세계 탐정 캠프에 참여하기 위해 미국에서 옴. 눈치가 빨라 말이 통하지 않는 대한민국에서도 불편한 게 없음. 시니컬한 말투가 특징임.

출히
서울에 살며, 세계 탐정 캠프에 참가해 덜겅과 단짝 친구가 됨. 아는 건 많지만, 어딘지 모르게 허술한 면이 있음.

덜겅
세계 탐정 캠프에 참가하기 위해 몽골에서 옴. 몽골 제일의 탐정이 되는 게 꿈. 또래 아이들보다 덩치가 크고, 우직함.

차례

1장 한반도가 뭐야? 8

오 마이 갓 백과 한반도란? ·14
K탐정의 세계 탐구 포르투갈의 항해 왕자 엔히크 ·20

2장 국토가 어디까지야? 22

오 마이 갓 백과 국토란? ·27
K탐정의 세계 탐구 팔레스타인과 이스라엘의 영토 다툼 ·38

3장 DMZ는 왜 생겼어? 40

오 마이 갓 백과 DMZ란? ·45
K탐정의 세계 탐구 남극 대륙은 어느 나라 땅일까? ·54

오 마이 갓 백과 백두 대간이란? ·61
K탐정의 세계 탐구 세계 지형 기네스 ·68
에필로그 옹지도가 자연 다큐를 찍게 된 사연 ·70

오 마이 갓 백과 갯벌이란? ·77

오 마이 갓 백과 세계 자연유산이란? ·93
K탐정의 세계 탐구 세계 여러 나라의 자연유산 ·102

1장
한반도가 뭐야?

탐정 캠프 끝나고 해외로 여행 가려고 했는데, 왜 불러?
뭐라고? 가방이 바뀌는 사건이 터졌다고?
그런 일이라면 내가 전문.
일단 바뀐 가방 주인을 찾는 게 먼저야!

가방 속에서 힌트를 찾아봐요.

남의 가방 속을 보는 게 실례인 줄은 알지만, 이 수밖에.

오호, 신기하게 생겼다옹!

우르르

떼구루루

가방 속 물건을 하나씩 살펴볼까?

한반도란?

아시아 대륙의 동북쪽 끝에 있는 **반도**를 말한다. 한국이 위치하고 있어서 **한반도**라고 부른다.

우선 '반도'라는 용어부터 설명해 줄게. 반도는 바다 쪽으로 툭 튀어나온 땅으로, 삼면이 바다로 둘러싸여 있고, 한 면이 대륙과 이어져 있어.

이처럼 우리나라는 반도에 자리 잡고 있어서 원하면 언제든지 바다로 나가고, 대륙으로 이어진 길로는 배를 타지 않고 안전하게 이동할 수 있었지. 또 어떤 좋은 점이 있었을까?

하지만 반도에 위치해서 어렵고 힘든 점도 있었어.

대륙 쪽에서 몽골이 침입하면 물러날 곳이 없었고,

공격!

그만 와! 더 이상 갈 곳이 없다고!

1231년~1259년(고려-몽골 전쟁)

우리 땅을 거쳐 대륙으로 가려는 일본에 시달리기도 했어.

자꾸 오면 혼난다!

대륙으로 가려면, 조선 땅이 필요해!

1592년~1598년(임진왜란)

그런 어려움을 다 이기고, 현대에 와서는 한반도가 동북아시아의 무역과 물류의 중심지가 되었단다.

우리나라 부산항에서 싣고 내리는 화물량은 세계 10위 안에 들 정도로 많아.

 지구상의 위치를 나타내는 좌표로 위도와 경도가 있어. 위도는 남북 방향의 좌표로, 적도에서 떨어진 거리를 나타내. 경도는 동서 방향 좌표로, 영국 그리니치 천문대를 기준으로 떨어진 거리를 나타내지. 한반도는 북위 33~43도, 동경 124~132도에 위치해 있어.

대동여지도는 1861년 김정호가 만든 한반도 지도야. 측량이 어려웠던 시절에 만든 지도 중에서 가장 완벽한 한반도 모습을 갖췄어. 그런데 이 지도는 한 장에 그려져 있지 않아. 목판으로 찍은 121매의 지도를 합쳐야 한반도 전체 모습이 드러나는데, 가로 약 380센티미터, 세로 약 670센티미터나 돼.

포르투갈의 항해 왕자 엔히크

유럽 대륙의 서쪽 끝인 이베리아반도. 그중에서도 가장 서쪽에 위치한 포르투갈의 왕자가 유럽의 대항해 시대를 이끈 이야기를 들어 볼래?

포르투갈은 이웃 나라 에스파냐에 막혀 대륙으로 세력을 넓히기가 어려웠어. 그때 주앙 1세의 셋째 아들인 엔히크 지 아비스는 지리적 한계를 극복할 방법을 떠올렸어.

바다로 나가는 게 우리의 살길.

대서양 / 프랑스 / 포르투갈 / 에스파냐 / 지중해 / 모로코

엔히크는 포르투갈의 땅끝 마을인 사그레스곶에 항해 연구소를 세웠어.

난 지도 제작!
해양 전문가는 모두 모이시오!
난 천문학자!

연구소에서는 대서양의 파도에 견딜 수 있는 배를 만들었어.

이 배는 캐러벨입니다. 노 대신 세 개의 삼각돛을 달아 바람을 이용해 움직입니다.

오호, 먼바다 항해에 제격이야!

2장

국토가 어디까지야?

'국토의 끝'과 '홀로 아리랑'이 가리키는 장소가
어딘지 알고 싶다는 거지?
나에게는 껌 씹기처럼 쉬운 추리지만
너희, 초보 탐정의 눈높이에 맞춰 차근차근 설명해 주지.
'국토의 끝'이 궁금하다면, 먼저 '국토'에 대해 알아야 해.

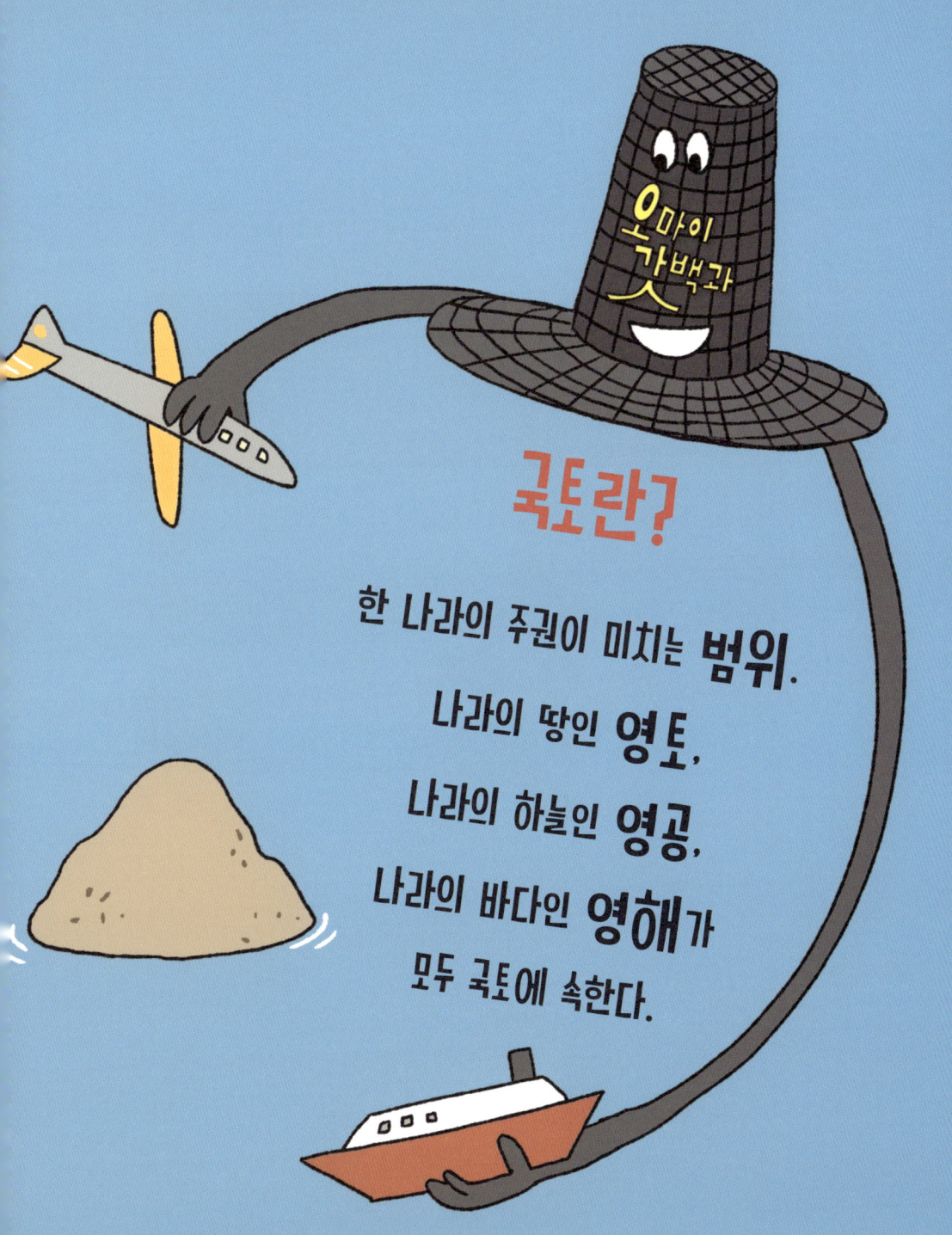

먼저 우리나라 영토부터 살펴보자.
우리나라 영토는 대한민국 헌법에 정확하게 나와 있어.

[헌법 제3조]
대한민국의 영토는 한반도와 그 부속 도서로 한다.

즉 한반도 전체와 주변 섬이 우리나라 영토라는 뜻이지.
지금은 남한과 북한으로 나뉘어 있어서
사실상 우리나라의 영토는 휴전선 남쪽에 있는 총면적
약 10만 제곱킬로미터의 땅이야.
우리나라 영해는 영토에서 12해리(약 22.2킬로미터)까지의
바다고, 우리나라 영공은 영토와 영해 위의 하늘이야.

지도에서 우리나라 국토를 찾아보면, 군사 분계선 아래쪽 영토와 영해선 안쪽 바다로 이루어져 있어. 국토를 둘러싼 두 선이 우리나라 국경선인 셈이지.

29

국토는 우리나라 정부가 다스리는 땅으로
다른 나라가 마음대로 침범할 수 없고,
이곳을 지나가거나 이용하려면 따로 허락받아야 해.

그 외에도 우리나라가 국토처럼 사용하는 곳이 있는데
바로 '배타적 경제 수역'이야.
영해 지점에서부터 200해리(약 370킬로미터)까지의
바다를 말하는데, 이곳에서는 다양한 경제 활동을
할 수 있어.

맞아. 그런데 '홀로 아리랑'은 옛날 노래가 아니라 우리나라 동쪽 끝에 있는 섬인 독도에 대한 노래야.

 ♪ 저 멀리 동해 바다 외로운 섬 ♪♪

이렇게 시작하는 노래를 한 번쯤 들어 본 적 있지?
이 노래 제목이 바로 '홀로 아리랑'이야.

이쯤에서 동해의 외로운 섬, 독도 이야기를 들어 볼래?

팔레스타인과 이스라엘의 영토 다툼

서아시아의 팔레스타인 지역에서는 두 나라가 서로 이 땅의 주인이라고 주장하며 다투고 있어. 무슨 일인지 이야기를 들려줄게.

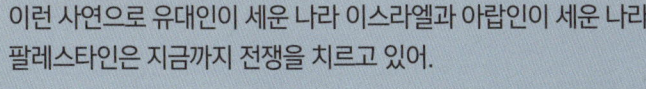

이 사진이 어디인지 궁금하다는 거지?
나의 예리한 눈으로 한번 살펴볼까?

군인들이 서로 마주 보고 있네. 눈싸움을 하나?

군인들의 복장이 서로 달라. 앞은 대한민국 군인이고, 뒤는 북한 군인이야.

판문각? 이건 북한 지역에 있는 건물이야.

알아냈다!
여기는 남한군과 북한군이 공동으로 지키는 곳,
DMZ에 있는 판문점이야.

DMZ요? MZ 세대가 쓰는 말인가요?

오 마이 갓!
DMZ에 대해 알려 줘!

DMZ란?

'비무장 지대'라는 뜻으로 전쟁이 중단되거나 **군사 활동이 금지**된 지역을 말한다.

우리나라에 DMZ가 언제 어떻게 생기게 되었는지 알려 줄게.

우리나라의 DMZ에 대해 좀 더 알아볼까?

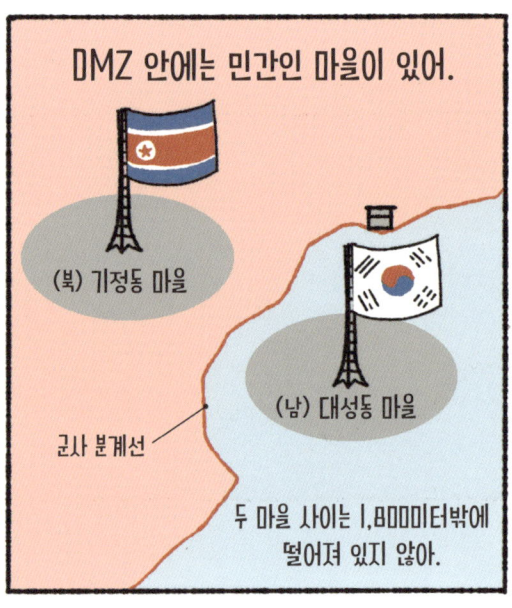

DMZ는 남한과 북한 누구의 땅도 아니야.
두 나라가 함께 지키는 곳이라서 주소도 두 개인 거지.
DMZ에 가려면 나라의 허가를 받아야 해.

DMZ 내에 있는 대성동 마을은 자유의 마을이라고도 불러. 약 150명의 민간인이 살고 있는데, 이 마을에는 특별한 점이 많아.

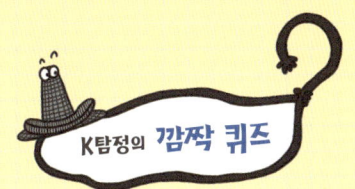

DMZ는 사람의 발길이 닿지 않아서 생태계가 잘 보존되어 있어. 그래서 반달가슴곰, 사향노루, 산양, 수달 등과 같은 멸종 위기 동물과 천연기념물인 두루미, 백조 등이 날아와 쉬어. 또 희귀한 나무와 풀도 많아.

1967년 최초의 우주법인 외기권 우주 조약에 따르면 달과 태양 등 우주의 모든 곳은 세계 어느 나라에도 속하지 않는 비무장 지대야. 하지만 개인의 소유권에 관한 조항이 없어서 데니스 호프란 사람이 달이 자기 땅이라고 주장하며 다른 사람들에게 팔아 사기를 치기도 했대.

남극 대륙은 어느 나라 땅일까?

남극 대륙은 지구 전체 육지의 약 10퍼센트를 차지할 정도로 큰 땅이야.
이 거대한 대륙은 누가 주인일까? 그 자세한 이야기를 들어 볼까?

4장
백두 대간이 어디야?

왜 고개를 갸우뚱하니? 백두 대간이 어딘지 모른다고?
그럼 내가 친절하게 알려 주지.
우리나라에는 산이 많아. 한반도의 70퍼센트가 산지지.
그 산의 대부분이 백두 대간을 따라 이어져 있어.

백두 대간에서 가장 큰 줄기는 태백산맥이야.
태백산맥에는 특별한 지형이 많아. 뭐가 있는지 볼까?

양구 분지

산으로 둘러싸인 낮고 평평한 땅을 '분지'라고 해. 양구는 화채 그릇같이 움푹 파여 있어서 '펀치볼 분지'라고도 해. 겨울에는 산이 바람을 막아 주어 따뜻한데 여름에는 열이 잘 빠져나가지 않아 아주 더워. 이곳에서는 사과나 배를 키워. 햇볕이 잘 들어 과실이 크고 달아.

설악산 국립 공원

비바람에 깎여 만들어진 뾰족하고 웅장한 30여 개의 봉우리가 아름답게 펼쳐져 있어. 나라에서 지정한 국립 공원으로, 해마다 약 300만 명의 관광객이 찾고 있어.

대관령의 고위 평탄면

원래 평지였던 땅이 어떤 힘에 의해 불쑥 솟아오르면서 생겨난 평평한 땅이야. 높은 곳에 있기 때문에 한여름에도 서늘해. 이곳 사람들은 고랭지 농업을 하거나 넓은 풀밭에서 양이나 소를 키워.

대관령 고갯길

높은 산을 넘는 길목을 '고개'라고 해. '령' 또는 '재'라고도 불러. 대관령은 아흔아홉 고개를 넘어야 할 정도로 깊고 험해. 이 대관령을 기준으로 동쪽은 영동 지방, 서쪽은 영서 지방이라고 해.

K탐정의 깜짝 퀴즈

바닷속에도 산이 있어?

YES 동해의 울릉도와 독도 사이에는 아주 커다란 산이 있어. 1997년에 음파 탐지기를 이용해 찾아냈지. 높이가 1,700미터이고 고깔 모양으로 생겼는데, 이름은 안용복 해산이야. 조선 시대에 우리 바다를 침범한 일본 어선을 꾸짖은 사람의 이름을 따서 지었대.

코끼리 떼가 알프스산맥을 넘었다고?

YES 알프스를 넘어가는 고갯길은 높이가 2,000미터가 넘어. 그런데 기원전 219년에 카르타고의 한니발 장군이 코끼리 떼를 앞세운 부대를 이끌고 알프스 고개를 넘어 로마로 쳐들어갔어. 예상치 못한 사태에 로마 시민들은 혼비백산했다고 해.

세계 지형 기네스

전 세계의 산과 강, 바다는 어떻게 생겼을까? 세계 최고의 기록을 만나 보자.

세계에서 가장 낮은 호수

아라비아반도의 서북쪽에 있는 사해야. 염도가 높아 사람이 뜰 수 있는 바다로 유명해. 하지만 사실은 호수야. 해수면보다 392미터나 낮아 물이 바다로 빠져나가지 못해 염분이 계속 쌓이게 된 거야.

세계에서 가장 높은 산

네팔과 티베트 사이에 있는 에베레스트산으로 높이가 8,848.86미터야. 세계의 지붕이라 불리는 히말라야산맥에 있는데, 이 산맥은 세계에서 가장 높은 산 5위까지를 모두 품고 있어.

세계에서 가장 섬이 많은 나라

인도네시아야. 17,000개가 넘는 섬으로 이루어져 있는데, 그중 20퍼센트의 섬에만 사람들이 살아. 가장 큰 섬인 수마트라는 다양한 야생 동물의 서식지로, 발리는 수려한 자연 경관으로 유명해.

세계에서 가장 큰 섬

흰 눈으로 덮인 섬 그린란드야. 북극에 있는데, 넓이가 약 217만 제곱킬로미터로 세계에서 가장 큰 섬이야.

세계에서 가장 깊은 바다

마리아나 해구야. 해구는 바닷속에 있는 깊은 골짜기를 말해. 태평양 서부 마리아나 제도의 오른쪽에 있어. 최대 깊이는 약 11,034미터로 심해 생물의 서식지로 유명해.

세계에서 가장 긴 강

아프리카에 있는 나일강으로 길이가 약 6,700킬로미터야. 먼 옛날부터 사하라 사막을 넘어 북부 아프리카와 내륙 아프리카를 잇는 유일한 교통로였어. 세계에서 물의 양이 가장 많은 강은 남아메리카에 있는 아마존강이야.

세계에서 가장 긴 산맥

남아메리카의 서쪽에 있는 안데스산맥이야. 길이는 약 7,000킬로미터가 넘는데 베네수엘라, 콜롬비아, 에콰도르, 페루, 볼리비아, 칠레, 아르헨티나 등 7개국에 걸쳐 있지.

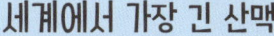

"세계에는 놀라운 지형이 많네."

에필로그 옹지도가 자연 다큐를 찍게 된 사연

5장
갯벌이 특별하다고?

대한민국의 아름다운 자연을 찍을 소중한 카메라가
사라졌다고? 그렇다면 내가 당연히 도와야지.
사건을 수사하려면 현장 조사부터 해야 해!
쯧쯧, 그런데 사건 현장이 온통 갯벌이라
발이 푹푹 빠지네. 조사하러 다니기가 힘들겠어!

우리나라 갯벌 중에는 서해에 있는 신안 갯벌이 가장 넓어. 면적이 약 1,100제곱킬로미터로 우리나라 전체 갯벌 면적의 15퍼센트를 차지해.

이런 넓은 땅이 하루에 잠깐만 드러나다니 아깝다!

갯벌이 넓어서 작가님이 특별하다고 했나?

No, No! 갯벌이 특별한 이유는 아주 많아. 사람들이 붙인 여러 별명을 보면 알 수 있지. 한번 볼래?

바다의 밭

갯벌에는 어류, 조류, 갑각류 등 2천여 종의 풍부한 생물이 살아. 어민들은 이곳에서 해산물을 채취하고 양식도 하며 밭처럼 이용하지. 또 염전을 만들어 소금을 생산해.

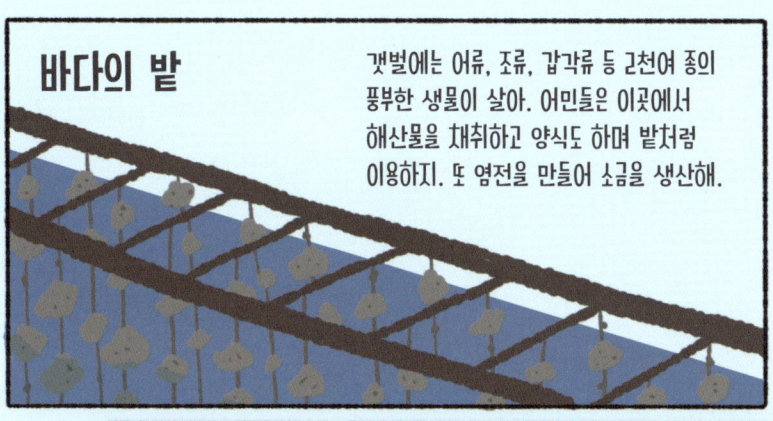

철새의 쉼터

갯벌은 먹이가 풍부해서 먼 거리를 날아다니는 철새의 소중한 쉼터야. 신안 갯벌에는 □□종에 이르는 5나,□□□여 마리의 철새가 드나들어.

지구의 콩팥

갯벌의 고운 흙은 육지에서 바다로 흘러드는 오염된 물을 깨끗하게 걸러 줘. 또 일 년에 탄소 수십만 톤을 흡수하여 지구 환경을 지켜 줘.

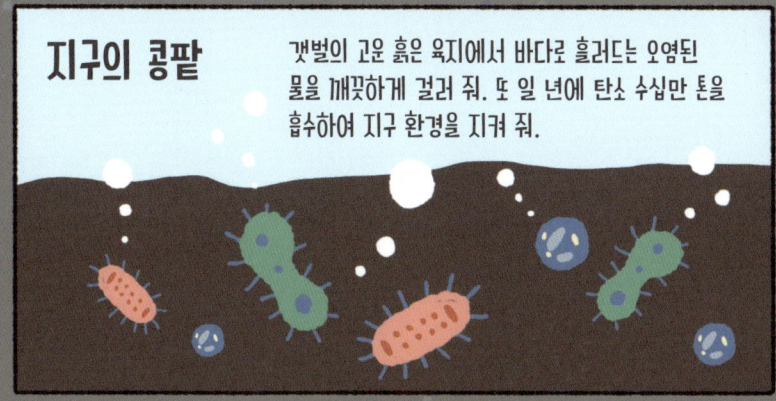

우리나라 갯벌에는 어떤 생물이 깃들어 살고 있을까?
한글 초성을 보고 갯벌 생물의 이름을 맞혀 봐.

예전에는 갯벌의 넓은 땅을 놀리는 게 아깝다며
바닷물을 막아서 육지로 만드는 일을 많이 했어.
이렇게 갯벌을 육지로 만드는 일을 '간척'이라고 해.
강화도 땅이 간척을 통해 어떻게 변했는지 살펴볼까?

간척으로 땅을 넓히면 그 땅에 논과 밭을 만들고,
공장도 세우고, 집도 지을 수 있어서 좋은 점이 많아.
하지만 간척으로 인해 갯벌이 사라지면서
문제점도 생겼어.

자연은 한번 망가지면 되돌리기 어려워.
그래서 요즘은 더 이상 간척을 하지 말고
남아 있는 갯벌을 소중히 보존하자는 사람이 늘고 있지.

타타타닥! 번개처럼 도착했지?
슈퍼맨은 아니지만, 날아서 왔지. 하하!
오늘은 무슨 일인지 말해 봐.

음, 누가 그런 짓을 한 걸까?
영상이 아직 완성된 것도 아닌데, 그걸 훔치다니.
게다가 작가님은 카메라를 넣은 가방을
남에게 맡기지 않잖아.

그렇다면, 지금부터 짝을 이뤄 행동 개시!
출희와 덜겅은 이 번호의 공중전화를 찾아보도록!

범인을 찾았다! 어젯밤 호텔 공중전화를 사용하고,
작가님 방에 들어가기 쉽고, '굿!'이란 말을 자주 쓰는
사람은 한소심 조수뿐이야!

후유, 모든 게 정상으로 돌아왔지?
그럼 다음 촬영지인 제주도의 세계 자연유산을 보러
GO, GO!

세계 자연유산이란?

국제기구인 **유네스코**가 인류의 미래를 위해 보호해야 할 **가치**가 있다고 정한 자연 지역. 우리나라는 두 곳이 등재되어 있다.

유네스코는 유엔에 속한 기관인데,
세계 유산을 정하게 된 특별한 계기가 있었어.
이야기를 들어 볼래?

유네스코가 지정한 세계 유산에는 '문화유산, 자연유산, 복합 유산' 세 종류가 있어.

문화유산은
이탈리아의 콜로세움처럼 유적이나 건축물, 문화재 가치가 있는 장소 유산이야.

자연유산은
케냐의 킬리만자로 국립 공원처럼 생태계가 잘 보존되어 있거나 특별한 지형 유산이야.

복합 유산은
문화와 자연유산의 특징이 모두 있는 곳으로, 튀르키예의 카파도키아 바위 유적 같은 곳이지.

세계 유산으로 지정되면, 다른 나라에 자기 나라의 문화와 자연의 가치를 알릴 수 있어서 세계 여러 나라가 앞다투어 신청하고 있단다.
우리나라에는 석굴암·불국사 등 15곳이 문화유산으로, '제주 화산섬과 용암 동굴', '순천만을 비롯한 서해안 갯벌' 2곳이 자연유산으로 지정되어 있어.

그럼 제주도의 세계 자연유산에 대해 더 알아볼까?
다음을 읽고, 참인지 거짓인지 맞혀 봐!

정답은 '거짓'. 세 곳만이야.

 한라산
 성산 일출봉
 거문오름 용암동굴계

이 중 거문오름 용암동굴계는 작은 화산인 거문오름이 폭발한 뒤 만들어진 용암 동굴 무리로, 거문오름을 비롯해 벵뒤굴, 만장굴 등이 유명해.

정답은 '참'.

펑!
약 180만 년 전
바다 아래에서 화산이 폭발했어.

쑤욱
약 80만 년 전
화산 폭발로 땅이 바다 위로 올라왔어.

약 30만 년 전
화산 폭발로 높은 한라산이 생겼어.

약 2만 5천 년 전
산 정상부가 날아가 백록담이 생겼어.

정답은 '거짓'. 두 곳이 더 있어.

울릉도   독도

울릉도와 독도도 제주도처럼 바닷속 화산이 폭발해 만들어진 섬이야. 한편 백두산도 화산 폭발로 생겨났어. 지금도 땅속 마그마가 부글부글 활동하고 있는 활화산이지.

잠시 뒤.

으악, 힘들어!

계속 오르막이야!

꼭대기에 쌓인 눈이 보여.

우리 잘 찍히고 있는 것 맞죠?

그럼, 그럼!

굿! 굿!

야호!

내가 우리나라에서 제일 높은 산에 올랐다!

근데 백록담은 무슨 뜻이지?

흰 사슴이 물을 마시러 온 연못이라는 뜻이지.

찰칵!

지금까지 대한민국 지리 여행 재미있었어?
산지가 많은 지형의 굽이굽이 대관령 고갯길,
화산이 폭발해 생긴 제주도와 독도, 다양한 생태계의
보고 신안 갯벌, 분단의 아픔을 간직한 땅 DMZ.
이렇게 다양한 모습의 땅에서 다양한 사람이
멋지게 살아가고 있어.

K탐정의 깜짝 퀴즈

제주도에는 해안가에만 샘이 있어?

YES 제주도는 화산섬이라 땅의 위층이 틈이 많은 현무암으로 이루어져 있어. 비가 내리면 이 틈을 따라 물이 스며들었다가 해안가에서 솟아나. 그래서 예전에는 샘이 있는 해안가에서 사람들이 주로 모여 살았대.

제주도에 뱀굴이 있다고?

YES 제주도의 김녕굴은 김녕사굴이라고도 불러. 뱀굴이라는 뜻이지. 옛날 이 굴속에 사람을 잡아먹는 큰 뱀이 살았다는 전설이 전해 내려와. 김녕굴은 원래 만장굴과 함께 하나로 이어져 있었는데, 천장이 무너져 현재 둘로 나뉘었어.

세계 여러 나라의 자연유산

유네스코가 정한 세계 자연유산은 2025년 기준 총 230곳이 넘어. 세계적으로 유명한 자연유산을 소개해 줄게.

갈라파고스 제도

남아메리카 에콰도르에서 약 1,000킬로미터나 떨어져 있는 남태평양에 있는 섬들이야. 이곳에 살고 있는 갈라파고스땅거북, 핀치새 등은 환경에 적응해 진화한 대표적인 생물로, 찰스 다윈이 진화론을 세우는 데 큰 영향을 주었어.

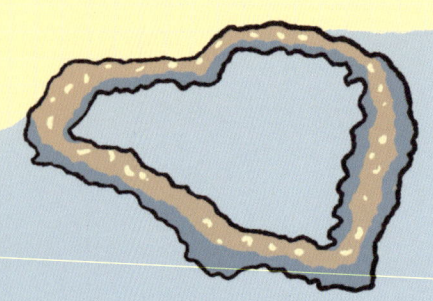

그레이트배리어리프

오스트레일리아 북동쪽에 있는 세계 최대의 산호초 지역으로, 하트 모양 산호섬을 볼 수 있어. 그뿐만 아니라 산호초 400여 종, 어류 1,500여 종, 연체동물 5,000여 종이 사는, 그야말로 해양 생물 박물관이야.

그랜드 캐니언 🇺🇸

미국 애리조나에 있는 세계 최대의 협곡이야.
지구가 처음 탄생했을 무렵부터 차곡차곡 쌓인
퇴적층 곳곳에 고대 지구의 동식물 화석이
남아 있어서 지구 역사를 연구하는 데 아주 중요해.

할롱베이 🇻🇳

베트남의 북서부에 있는 만으로,
1만 6천여 개의 섬이 멋진 예술 작품처럼
뽐내고 있지. 그 모습이 아름다워 용이 토해 낸
보석이라는 전설이 전해 내려와. 이 섬들은
모두 석회암으로, 대표적인 카르스트 지형이야.

세계 자연유산은
멋지고 아름다울 뿐만 아니라
지구의 오랜 역사를
담고 있는 곳들이야.

우리도 구경하러
가자옹!